Estadounidenses aso
Abigail Adams

Jennifer Overend Prior, Ph.D.

Asesoras

Shelley Scudder
Maestra de educación de
estudiantes dotados
Broward County Schools

Caryn Williams, M.S.Ed.
Madison County Schools
Huntsville, AL

Créditos de publicación

Conni Medina, M.A.Ed., *Gerente editorial*
Lee Aucoin, *Diseñadora de multimedia
    principal*
Torrey Maloof, *Editora*
Marissa Rodriguez, *Diseñadora*
Stephanie Reid, *Editora de fotos*
Traducción de Santiago Ochoa
Rachelle Cracchiolo, M.S.Ed., *Editora
comercial*

Créditos de imágenes: Portada, págs. 1,
6-7, 10–11, 12, 14, 14–15, 16, 18, 19, 20,
21, 32 The Granger Collection; pág. 9
Bridgeman Art Library; pág. 5 Corbis;
pág. 26 Getty Images; pág. 8 The Library
of Congress [LC-USZ62-96042]; pág. 13
The Library of Congress [LC-USZC4-12540];
págs.20–21 The Library of Congress [LC-
DIG-ppmsca-09502]; pág. 22 The Library
of Congress [LC-DIG-highsm-14860];
pág. 23(izquierda) The Library of Congress
[LC-USZC4-2474]; pág. 25 The Library
of Congress [LOC-USZ62-55283]; pág. 7
Massachusetts Historical Society; págs. 3,
24, 27 Nancy Carter/North Wind Picture
Archives; pág. 15 Newscom; pág. 29 Ruby
Mae Elmore; pág. 23(derecha) Stephanie
Reid; pág. 17 The White House Historical
Association; pág. 28 Wendy Jo Lippman;
pág. 6 Mather Brown 1788, contraportada
Public Domain/Wikimedia; todas las demás
imágenes pertenecen a Shutterstock.

Teacher Created Materials

5301 Oceanus Drive
Huntington Beach, CA 92649-1030
http://www.tcmpub.com
ISBN 978-1-4938-0549-5
© 2016 Teacher Created Materials, Inc.

Índice

Esta es la casa donde nació Abigail.

La joven Abigail

Abigail Adams fue una mujer valiente. No tenía miedo de decir lo que pensaba. Nació el 11 de noviembre de 1744, en Weymouth, Massachusetts. Fue la segunda de cinco hijos.

Abigail cuando era joven.

La madre de Abigail era cariñosa. Ayudaba a familias necesitadas. El padre de Abigail era pastor. Estaba a cargo de una iglesia. En aquel tiempo, muchas escuelas solo aceptaban niños varones. Entonces, la madre de Abigail enseñó a ella y a sus hermanas en casa. A Abigail le encantaba aprender. Leyó muchos de los libros de su padre.

Cartas de amor

Abigail conoció a John Adams en 1759. Pasaban juntos muchas horas y se escribían muchas cartas de amor. La madre de Abigail no apreciaba a John. Creía que no era lo suficientemente bueno para Abigail.

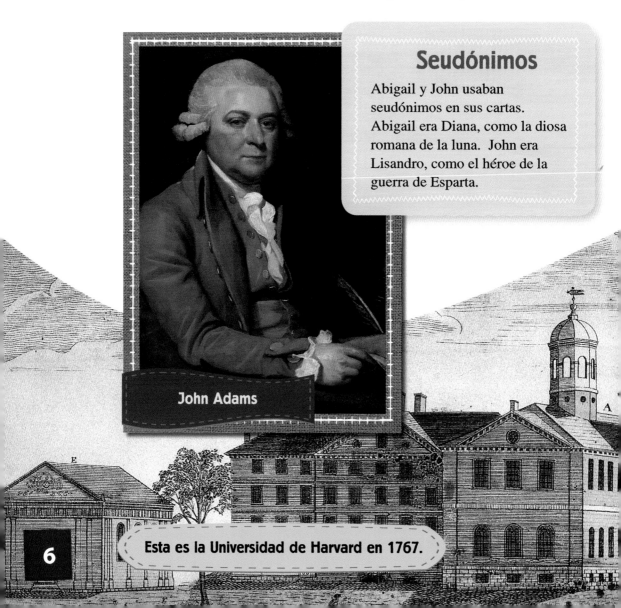

Seudónimos

Abigail y John usaban seudónimos en sus cartas. Abigail era Diana, como la diosa romana de la luna. John era Lisandro, como el héroe de la guerra de Esparta.

John Adams

Esta es la Universidad de Harvard en 1767.

John se graduó de la Universidad de Harvard.
Trabajaba duro como abogado. Ayudaba a las personas
en los juzgados. Ahorraba dinero. Pronto, la madre de
Abigail cambió de idea. Abigail y John se casaron el 25
de octubre de 1764.

Una de las cartas de Abigail a John.

Más cartas

Abigail y John se mudaron a una granja en Braintree, Massachusetts. Su familia comenzó a crecer. En 1765 tuvieron una niña y la llamaron Abigail. John Quincy nació en 1767. Susanna nació al año siguiente. Después tuvieron dos hijos más: Charles y Thomas.

Esta es la granja de Abigail y John en Braintree.

John fue a Filadelfia en 1774 para unirse al Congreso Continental. Era una reunión de líderes de las 13 **colonias**. Las personas que vivían en ellas eran llamadas **colonos**. Los colonos no estaban contentos con el hecho de que Gran Bretaña los gobernara. Querían hacer sus propias leyes.

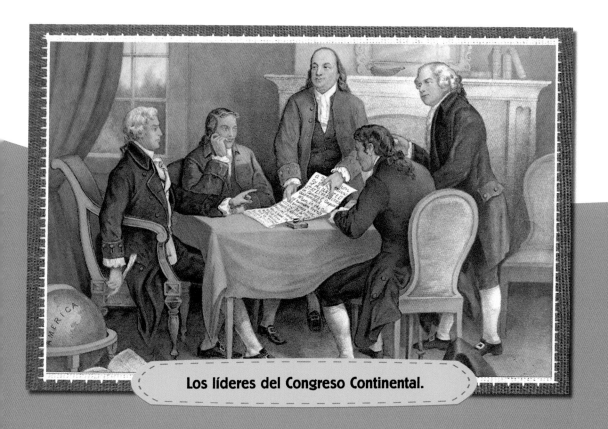

Los líderes del Congreso Continental.

En 1776, John se unió a un equipo para redactar la Declaración de **Independencia**. Era un **documento** que explicaba por qué las colonias querían liberarse de Gran Bretaña. John escribió a Abigail durante esta época. Le habló de sus reuniones y le pidió consejos.

Los colonos luchan contra los soldados británicos.

Abigail dijo a John en una carta: "acuérdate de las damas". Quería leyes que fueran justas para las mujeres. Y quería que estas leyes estuvieran en el documento. Pero muchas personas no estaban de acuerdo con ella. Estas leyes no fueron añadidas a la Declaración de Independencia.

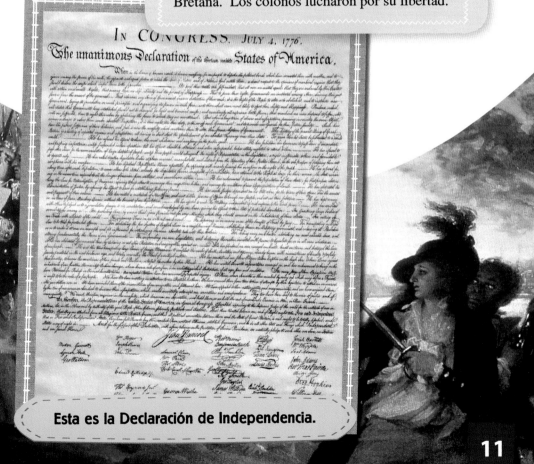

La Revolución estadounidense

La Revolución estadounidense comenzó en 1775. Fue una guerra entre las colonias y Gran Bretaña. Los colonos lucharon por su libertad.

Esta es la Declaración de Independencia.

Trabajos importantes

Mientras John estaba lejos, Abigail trabajaba con el **gobierno** local. Trabajó para la Corte General de la Colonia de Massachusetts. Fue juez de damas *Tory* (conservadoras). Su trabajo consistía en interrogar a las mujeres de la ciudad que pudieran ser leales a Gran Bretaña. No quería que nadie se interpusiera en el camino de la independencia.

¡Viva el Rey!

A menudo, un colono que apoyara a Gran Bretaña y al rey era llamado *Tory*.

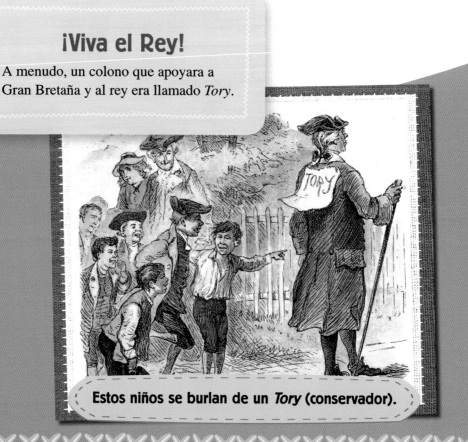

Estos niños se burlan de un *Tory* (conservador).

Este trabajo dio a Abigail una oportunidad para expresar sus pensamientos. Habló de la **política** y de lo que pensaba. John estaba muy orgulloso del importante trabajo que ella tenía.

Esta es la Vieja Casa Estatal de Boston. Era el centro de la política en la zona.

La Revolución estadounidense terminó en 1783.
¡Las colonias ya eran libres! Abigail pasó los próximos
cuatro años con John en Francia e Inglaterra. Él trabajaba
como **diplomático**. Un diplomático es una persona que
representa al gobierno de su país internacionalmente.

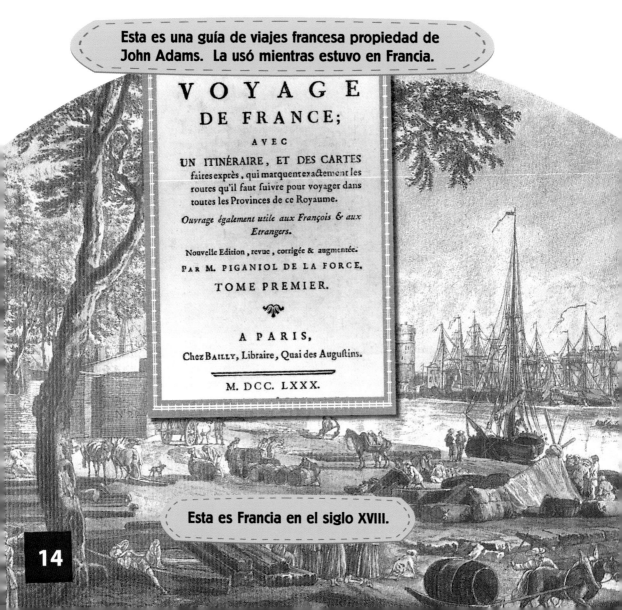

Esta es una guía de viajes francesa propiedad de John Adams. La usó mientras estuvo en Francia.

VOYAGE DE FRANCE; AVEC UN ITINÉRAIRE, ET DES CARTES faites exprès, qui marquent exactement les routes qu'il faut suivre pour voyager dans toutes les Provinces de ce Royaume.

Ouvrage également utile aux François & aux Etrangers.

Nouvelle Edition, revue, corrigée & augmentée.
PAR M. PIGANIOL DE LA FORCE.

TOME PREMIER.

A PARIS,
Chez BAILLY, Libraire, Quai des Augustins.

M. DCC. LXXX.

Esta es Francia en el siglo XVIII.

Ser la esposa de un diplomático mantenía ocupada a Abigail. Conoció a muchas personas importantes. Las entretuvo y aprendió de ellas. Representó a su país con orgullo y habilidad.

Así era Abigail en 1785.

Esta es la casa en Filadelfia donde vivieron Abigail y John cuando él fue presidente.

Primera Dama

Abigail y John regresaron a Braintree en 1788. Al año siguiente, John fue elegido vicepresidente de Estados Unidos. *Elegido* significa que las personas lo escogieron por votación. Fue vicepresidente desde 1789 hasta 1797. Después, fue elegido presidente en 1797. Esto hizo que Abigail fuera la Primera Dama.

La Casa Blanca

Abigail y John vivieron los últimos cuatro meses de su etapa como presidente en la Casa Blanca, recientemente construida.

Así era la Casa Blanca cuando Abigail vivió en ella.

Abigail tenía muchos deberes como Primera Dama. Asistía a eventos públicos. Se reunía con personas importantes. Organizaba fiestas y cenas de lujo.

Como Primera Dama, Abigail no tuvo miedo de decir lo que pensaba. Defendía a John cuando la gente hablaba mal de él. A algunas personas no les gustaba que Abigail hablara de política. Pero ella siguió diciendo lo que pensaba.

Esta estatua honra a Abigail porque ella defendía sus creencias.

Muchas personas sabían que John pedía consejos a Abigail. Le decían "la señora presidente". Aún así, él no siempre hizo lo que ella quería. Pero eso no detuvo a Abigail. Ella siguió diciendo lo que pensaba.

Este es un retrato de Abigail.

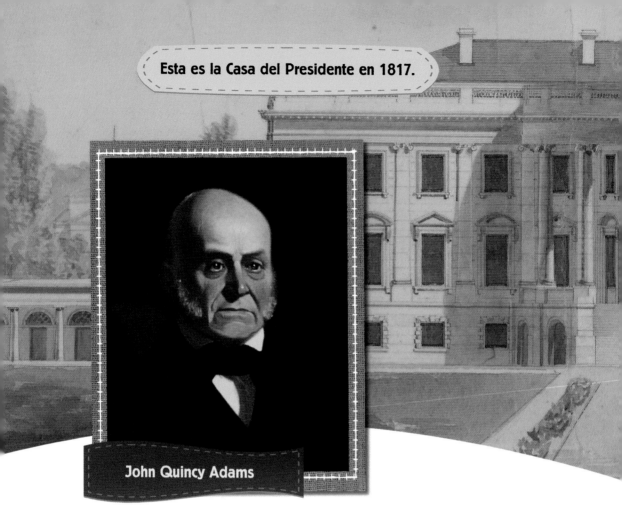

Esta es la Casa del Presidente en 1817.

John Quincy Adams

El año de 1800 estuvo lleno de altibajos para Abigail y John. Estaban felices de ser los primeros en vivir en la Casa Blanca. En aquel entonces, su nombre era Casa del Presidente. También estaban muy orgullosos de su hijo John Quincy. Le iba bien en la política. Y era un diplomático exitoso.

Charles Adams

A finales de ese año, Abigail y John no fueron tan felices. John perdió la elección contra Thomas Jefferson. Sus días como presidente terminarían pronto. Después, su hijo Charles murió en diciembre. Tenía apenas 30 años.

Después de la Casa Blanca

Abigail y John se mudaron a Quincy, Massachusetts, en marzo de 1801. Abigail pasó el tiempo cuidando de su casa. También se ocupó de sus hijos y nietos.

Esta es la casa de Abigail y John en Quincy.

Abigail siguió escribiendo. Seguía muy interesada en la política. Escribió cartas a Thomas Jefferson cuando él era presidente. También escribió a Dolley Madison cuando esta última fue Primera Dama.

Thomas Jefferson

Dolley Madison

Durante este tiempo, Abigail se ocupó también de su hijo John Quincy. Estaba muy orgullosa de él. Había sido diplomático en muchos países. También fue secretario de estado.

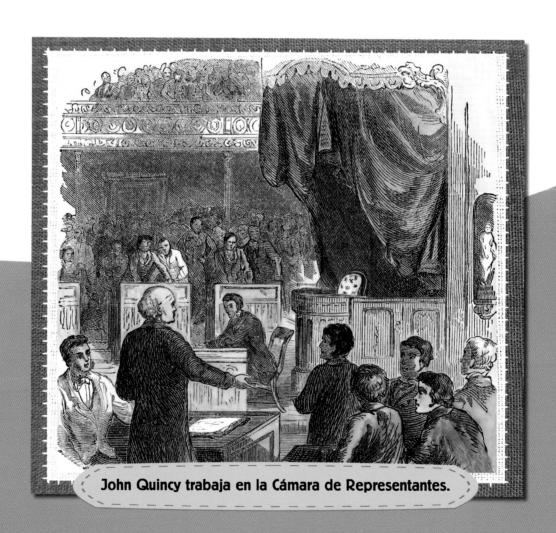

John Quincy trabaja en la Cámara de Representantes.

Abigail escribió cartas a su hijo. Le dio consejos. Tristemente, Abigail murió el 28 de octubre de 1818. Nunca vio cuando su hijo se convirtió en presidente de Estados Unidos en 1825.

John Quincy Adams en 1815.

Una inspiración

Las cartas de Abigail fueron **publicadas** por su nieto en 1848. Habían pasado 30 años desde su muerte. Sus cartas hablan de un momento importante en la historia. Muestran su amor por la familia. Muestran su amor hacia su país.

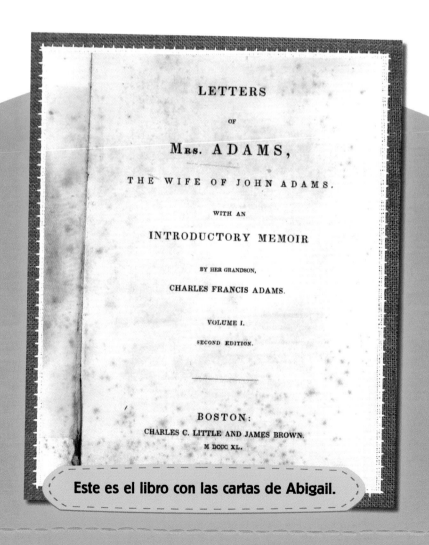

Este es el libro con las cartas de Abigail.

Abigail fue una mujer valiente y fuerte. No tuvo miedo de decir lo que pensaba. Defendió sus creencias. Abigail sigue siendo una **inspiración** para los demás.

Esta estatua muestra a Abigail y a John Quincy.

Estadounidenses asombrosos de hoy

Abigail Adams fue una estadounidense asombrosa. Defendió sus creencias.

Hoy en día, hay muchos estadounidenses asombrosos. También ayudan a la gente.

Ellas son Ruby Mae y su tía Wendy. Wendy es capitán en el departamento de bomberos. Enseña a los niños que los incendios son peligrosos.

¡Pídelo!

Pide a un adulto que te ayude a encontrar a un estadounidense asombroso en tu ciudad. Entrevístalo. Averigua lo que hace para que tu ciudad sea un lugar mejor.

Ruby Mae hizo este dibujo de su tía Wendy.

Glosario

colonias: zonas gobernadas por un país ajeno

colonos: personas que viven en una zona gobernada por otro país

diplomático: una persona que representa a su país internacionalmente

documento: un escrito oficial que ofrece información sobre algo

gobierno: un grupo de líderes que toman decisiones para un país

Independencia: la libertad para tomar decisiones

inspiración: algo que motiva a alguien a hacer algo

política: que tiene que ver con el gobierno

publicadas: que fueron preparadas y producidas para que fueran conocidas por los demás

Tory: una persona que era leal a Gran Bretaña en la época colonial

Índice analítico

¡Tu turno!

¿Quién es tu inspiración?

Esta foto muestra una estatua de Abigail Adams. Ella es una inspiración para muchas personas.

¿Quién es tu inspiración? Tal vez sea uno de tus padres o maestros. Explica a esa persona por qué es una fuente de inspiración para ti.